Tomatenpesto
und Ingwersenf

Susanne Oswald

Tomatenpesto und Ingwersenf

SENF, DIPS & GEWÜRZMISCHUNGEN SELBER MACHEN

Jan Thorbecke Verlag

VERLAGSGRUPPE PATMOS

PATMOS
ESCHBACH
GRÜNEWALD
THORBECKE
SCHWABEN

Die Verlagsgruppe
mit Sinn für das Leben

MIX
Papier aus verantwortungsvollen Quellen
FSC® C004592
www.fsc.org

Für die Schwabenverlag AG ist Nachhaltigkeit ein wichtiger Maßstab ihres Handelns. Wir achten daher auf den Einsatz umweltschonender Ressourcen und Materialien.

www.thorbecke.de

Gestaltung: Finken & Bumiller, Stuttgart, mit Chandima Soysa
Druck: Firmengruppe APPL, Wemding
Hergestellt in Deutschland
ISBN 978-3-7995-1004-2

Inhalt

Einfach – köstlich – selbst gemacht

Senfe, Dips und Würzmischungen bringen Abwechslung auf den Tisch und Freude für die Genießer. Und dabei gilt: Selbermachen ist gar nicht schwer und macht richtig viel Spaß! Herzhaft, fruchtig, teuflisch scharf oder süß-sauer – der Koch hat den Löffel in der Hand und kann nach eigener Gaumenlust würzen. Denn was für den einen schon das „Tor zur Hölle" ist, entlockt einem anderen allenfalls ein leichtes Geschmacksknospenzucken.
Neben den individuellen Vorlieben gibt es noch einen weiteren wichtigen Grund, wieso man selbst zum Kochlöffel greifen sollte: Man weiß, was drin ist. Jeder neue Skandal bringt mehr Menschen dazu, sich selbst um ihre Ernährung zu kümmern und den guten Geschmack neu zu entdecken.
Und zu guter Letzt: Hat man die Welt des Selbermachens erst einmal entdeckt, tut man nicht nur sich selbst etwas Gutes, sondern hat auch für jede Gelegenheit ein passendes Geschenk zur Hand. Vorbei die Zeiten, in denen mangels besserer Ideen die obligatorische Schachtel gekaufter Pralinen als Geschenk ohne persönliche Note herhalten musste. Wenn die selbst hergestellten Köstlichkeiten dann auch noch liebevoll verpackt und mit selbst gestalteten Etiketten verziert sind, werden die Beschenkten verzaubert sein.
Ich wünsche Ihnen viel Vergnügen und guten Appetit.

Ihre Susanne Oswald

Kleine Senfkunde

Senf stammt aus der Familie der Kreuzblütler und gehört zur Kohlgattung (*Brassiceae*), die über 100 Arten umfasst. Es gibt viele unterschiedliche Senfsorten. Für die Herstellung von Speisesenf wird hauptsächlich brauner (*Brassica juncea*), schwarzer (*Brassica nigra*) und weißer Senf (*Brassica alba*), der meist als gelber Senf bezeichnet wird, verwendet.
Senfsaat hat viele wertvolle Inhaltsstoffe, die bei einer schonenden Herstellung aus dem vollen Korn zum großen Teil auch im Speisesenf enthalten sind. Bei der heißen Herstellung von Produkten aus entölter Senfsaat geht ein nicht unerheblicher Teil der wertvollen Inhaltsstoffe leider verloren.

Zu den wichtigsten Inhaltsstoffen zählen:
Vitamine: A, B, C und E
Mineralstoffe: Kalzium, Chlorid, Kalium, Magnesium, Natrium, Phosphor
Spurenelemente: Eisen, Fluor, Jod, Kupfer, Mangan, Zink
Eiweiße: Essentielle und nicht-essentielle Aminosäuren, Glukoside, Sinigrin (schwarzer und brauner Senf) und Sinalbin (weißer Senf), Histidin
Fette: ungesättigte Fettsäuren

Herstellungsverfahren für Speisesenf

Es gibt viele unterschiedliche Methoden und eine Menge Rezepte für die Senfherstellung. Besonders im Hobby-Bereich findet man einen breiten Ideenpool vom Zerkleinern der Senfsaat mit dem Mörser bis zur kochenden Küchenmaschine, die aus Senfmehl und Wasser eine Köstlichkeit zaubern soll – was ich nicht bestätigen kann und auch nicht zur Nachahmung empfehle.

Im Profi-Bereich unterscheidet man hauptsächlich drei Herstellungsverfahren (siehe unten), wobei das Kaltmahlverfahren mein Favorit ist. Nur in diesem Verfahren bleiben alle wertvollen Inhaltsstoffe erhalten. Und dann gibt es noch eine vierte Herstellungsvariante, die von einigen Kleinstherstellern im semiprofessionellen Bereich angewendet wird. Im Vergleich sackt dieser aus Senfmehl angerührte Senf allerdings deutlich ab, da er sich nicht so homogen verbindet wie der nass vermahlene Senf. Dennoch ist diese Variante eine Möglichkeit, sich auch zu Hause einmal an einem vom Korn weg selbst hergestellten Senf zu versuchen.

Industrielle Herstellung

In der Industrie wird entölte Senfsaat verwendet, da bei der Verarbeitung mit hohem Druck Hitze entsteht und das Senföl verbrennen würde. Bei dieser Verarbeitung gehen wertvolle Inhaltsstoffe verloren, und auch der Geschmack verändert sich.

Der Senf hat keine Reifezeit, und das Öl als wichtiger natürlicher Stabilisator fehlt. Deshalb wird oft mit anderen Mitteln stabilisiert. Ein Blick auf die Inhaltsstoffe ist aufschlussreich.

Das Dijon-Verfahren

Hierbei lässt man den ganzen Samen quellen, im Anschluss werden die Körner gequetscht und von den Schalen getrennt. Erst danach kommen weitere Zutaten hinzu. Der originale Dijon-Senf wird mit Most statt Wasser angesetzt. Die Bezeichnung kommt ursprünglich aus der französischen Stadt Dijon, ist heute aber keine Herkunftsbezeichnung mehr, sondern steht für das Herstellungsverfahren. Durch die Entfernung der Schalen gehen auch bei dieser Herstellungsart viele Inhaltsstoffe verloren.

Das Kaltmahlverfahren

Hierfür werden die vollen Senfkörner trocken grob geschrotet und mit Flüssigkeit (Wasser, Wein, Bier, Saft ...) und Gewürzen angesetzt. Dieser Ansatz wird immer wieder gerührt und nach einer Reifezeit von etwa zwei Wochen in einer Senfmühle langsam kalt vermahlen. Die Temperatur soll, wegen des hitzeempfindlichen Senföls, nicht über 30 °C steigen. Während des Mahlvorgangs wird bei Bedarf weitere Flüssigkeit zugesetzt, sodass die endgültige Konsistenz erreicht wird. Der frisch gemahlene Senf darf eine weitere Woche reifen; in dieser Zeit entfalten sich die Aromen. Durch die schonende Verarbeitung bleiben fast alle wertvollen Inhaltsstoffe und auch der pure Senfgeschmack erhalten.

Selbst gemachter Senf aus Senfmehl

(Grundrezept siehe Seite 12)

Senf anrühren ist kein Hexenwerk, und es ist eine spannende Erfahrung. Doch die Tücke steckt im Detail: Senf, der aus Senfmehl hergestellt wird, bekommt nie die sämige Konsistenz wie ein nass vermahlener Senf. Das heißt, das Mundgefühl beim Essen ist immer etwas sandig.

Um einen aromatisch runden Senf zu erhalten, sollte bereits der Ansatz richtig gewürzt sein. Da der Senf zu Beginn aber brandig und scharf schmeckt, ist es schwierig, ihn abzuschmecken. Man muss das sich entwickelnde Aroma erahnen, was nicht einfach ist.

Meine Empfehlung ist daher: Kaufen Sie einen kalt vermahlenen mittelscharfen Senf von guter Qualität und verfeinern Sie diesen mit eigenen Ideen. Dann haben Sie ein ausgezeichnetes Grundprodukt und am Ende dennoch einen Senf mit der eigenen kulinarischen Handschrift (siehe Rezepte S. 14–33).

Gewürze und ihre Heilwirkung

Viele Kräuter und Gewürze bringen Heilwirkungen mit, die sie in den Speisen entfalten. Deshalb sind schonend zubereitete Gerichte mit frischen Zutaten auch eine aktive Gesundheitspflege.
An dieser Stelle möchte ich Ihnen einen kleinen Überblick geben – vielleicht kann ich Ihr Interesse wecken, und Sie tauchen tiefer in die Wirkweisen der Heilkräuter und Heilgewürze ein. Es lohnt sich!
Chili – regt den Stoffwechsel an
Dill – stärkt den Appetit, beruhigt den Magen
Estragon – stärkt den Magen, wirkt harntreibend
Fenchel – beruhigt den Magen
Ingwer – die Wunderknolle unter den Gewürzen! Aktiviert den Stoffwechsel, stärkt den Magen und beruhigt den Reizmagen
Kardamom – wirkt krampflösend, stärkt die Verdauung
Koriander – wirkt verdauungsfördernd und krampflösend
Knoblauch – antibakteriell, stärkt das Immunsystem
Kreuzkümmel – hilft bei Blähungen und Darmkrämpfen
Kümmel – hilft bei der Verdauung
Minze – wirkt abwehrstärkend, ist gut gegen Übelkeit
Pfeffer – wirkt verdauungsfördernd und magenstärkend
Senf – stärkt Leber und Galle, regt den Stoffwechsel an
Vanille – entspannt und belebt gleichermaßen
Zimt – wärmt, wirkt krampflösend und stärkt das Herz

Mit diesem Wissen lassen sich leicht persönliche Senfe und Würzmischungen kreieren, die gleichzeitig noch gut für die Gesundheit sind.

Mittelscharfer Senf – Grundrezept

FÜR ETWA 260 ML

80 g gelbes Senfmehl
20 g Zucker
10 g Salz
etwas gemahlener schwarzer Pfeffer
½ TL gemahlener Koriander
90 ml Essig
ca. 60 ml Wasser

1. Die trockenen Zutaten gründlich miteinander vermischen, den Essig zügig unterrühren und im Anschluss so viel Wasser hinzufügen, dass ein dünner Brei entsteht.

2. Diesen Ansatz zudecken, kühl und dunkel drei Wochen stehen lassen. In dieser Zeit ein- bis zweimal täglich umrühren und Wasser nachgießen, falls die Masse zu dick wird. Nach zwei Wochen etwa verliert sich die beißende Schärfe, der Senf wird von Tag zu Tag runder im Geschmack.

Nun haben Sie einen einfachen mittelscharfen Senf, den Sie entweder so, wie er ist, essen oder aber weiter veredeln können.

Bananen-Chili-Senf

FÜR ETWA 250 ML
1 Banane
1 kleine Chilischote
15 g frischer Ingwer
1 TL Honig
150 ml mittelscharfer Senf

1. Die Banane schälen und das Fruchtfleisch mit einer Gabel zerdrücken, es muss nicht ganz fein sein. Die Chilischote waschen, den Strunk entfernen und die Schote in sehr kleine Würfel schneiden. In den Kernen der Chilischote sitzt sehr viel Schärfe, diese kann man je nach Geschmack mitverwenden oder weglassen. Den Ingwer schälen und auf einer Reibe fein reiben.

2. Alle Zutaten zum Senf geben und miteinander vermengen. Den Senf einen Tag stehen lassen, damit die Aromen sich gut entwickeln können, dann genießen.

TIPP:
Bananen-Chili-Senf ist ein perfekter Begleiter zu würzigem Bergkäse.

Curry-Tomaten-Senf

FÜR ETWA 200 ML

1 frische Tomate
5 getrocknete Tomaten
1 TL Curry
150 ml mittelscharfer Senf

1. Die frische Tomate schälen, entkernen, das Fruchtfleisch und auch die getrockneten Tomaten in kleine Würfel schneiden.

2. Die Tomaten und das Curry zum Senf geben, unterrühren und den Senf einen Tag ziehen lassen.

TIPP:

Curry-Tomaten-Senf passt sehr gut zu geräuchertem Tofu.

Wasabi-Senf mit Crunch

FÜR ETWA 200 ML
2 EL Kürbiskerne
2 TL Wasabipaste
1 EL Honig
150 ml mittelscharfer Senf

1. Die Kürbiskerne grob hacken und ohne Öl in einer Pfanne leicht anrösten.

2. Die ausgekühlten Kürbiskerne und alle anderen Zutaten zum Senf geben. Alles gut vermischen und einen Tag stehen lassen, damit sich die Aromen voll entfalten können.

TIPP:
Ein Klecks Wasabi-Senf ist das besondere Extra in einem deftigen Gemüseeintopf.

Erdnuss-Senf

FÜR ETWA 220 ML
50 g Erdnüsse
1 TL Erdnussbutter
Saft von ½ Zitrone
1 TL Honig
1 Prise Kreuzkümmel
1 Prise Cayennepfeffer
150 ml mittelscharfer Senf

1. Die Erdnüsse schälen, von der dünnen Innenhaut lösen, hacken und in einer beschichteten Pfanne ohne Fett rösten.

2. Die Erdnussbutter, den Zitronensaft, den Honig, den Kreuzkümmel und den Cayennepfeffer zum Senf geben und alles gut durchmischen, bis sich die Erdnussbutter aufgelöst hat.

3. Die gehackten und gerösteten Erdnüsse zum Senf geben und unterrühren. Den Senf kann man sofort genießen.

TIPP:
Der Erdnusssenf schmeckt sehr gut zu einem reifen Camembert.

Estragon-Gurken-Senf

FÜR ETWA 180 ML

2 Stängel Estragon
1 Essiggurke
etwas Gurkenwasser
½ TL gemahlener Koriander
150 ml mittelscharfer Senf

1. Den Estragon waschen, trocknen, entstielen und klein schneiden.

2. Die Gurke klein würfeln, nicht pürieren – die kleinen Gurkenstückchen geben dem Senf eine angenehme Textur.

3. Alle Zutaten zum Senf geben, unterrühren und einen Tag ziehen lassen.

TIPP:
Estragon-Gurken-Senf passt perfekt zu geräuchertem Speck.

Ingwer-Honig-Senf

FÜR ETWA 200 ML

1 Stück frischer Ingwer (etwa 20 g)
1 Knoblauchzehe
3 Würfel kandierter Ingwer (Rezept siehe unten)
2 EL Honig
1 Prise Cayennepfeffer
½ TL Kurkuma
150 ml mittelscharfer Senf

KANDIERTER INGWER

100 g Ingwer
100 ml Wasser
100 g Zucker

1. Den frischen Ingwer und den Knoblauch schälen und sehr klein schneiden oder fein reiben. Den kandierten Ingwer in kleine Würfel schneiden.

2. Alle Zutaten zum Senf geben, unterrühren und einen Tag ziehen lassen.

KANDIERTER INGWER

1. Den Ingwer schälen und in etwa 1 bis 2 cm große Würfel schneiden. Die Ingwerwürfel in dem Wasser aufkochen und etwa 20 Minuten köcheln lassen. Der Ingwer soll noch Biss haben. Am Ende der Kochzeit den Zucker hineingeben und so lange rühren, bis er sich aufgelöst hat. Diesen Ansatz einen Tag stehen lassen.

2. Am zweiten Tag wieder alles aufkochen und erneut 20 Minuten köcheln und anschließend auskühlen lassen.

3. Am dritten Tag den Ansatz aufkochen und köcheln lassen, bis die Flüssigkeit zu einem dicken Sirup eingekocht ist.

4. Die Ingwerstücke aus dem Sirup nehmen und auf einem Gitter abtropfen lassen. Den Sirup kann man heiß in eine Flasche abfüllen. Schluckweise in Wasser gegeben, hat man ein köstliches Getränk.

TIPP:
Der Ingwer-Honig-Senf gibt gegrillten Fenchelscheiben einen zusätzlichen Pfiff, schmeckt aber auch zu Münsterkäse sehr gut.

Kokos-Senf

FÜR ETWA 200 ML

40 g Kokosflocken
¼ Vanillestange
Saft von ½ Zitrone
4 EL Pflanzenöl
½ TL gemahlener Kardamom
½ TL gemahlener Koriander
½ TL Zucker
150 ml mittelscharfer Senf

1. Die Kokosflocken ohne Zugabe von Öl in einer beschichteten Pfanne leicht anrösten und auskühlen lassen.

2. Die Vanillestange längs aufschneiden, das Mark herauskratzen und zusammen mit allen anderen Zutaten zum Senf geben und gründlich unterrühren.

3. Nach ein bis zwei Tagen ist der Senf gut durchgezogen und das Aroma hat sich entfaltet.

TIPP:
Gebratene Hähnchenbrust mit gerösteten Kokosflocken und dem Kokos-Senf ist eine köstliche Kombination.

Rosmarinsenf

FÜR ETWA 180 ML
4 Stängel Rosmarin
1 Stängel Thymian
4 Wacholderbeeren
1 Lorbeerblatt
3 EL Rapsöl
150 ml mittelscharfer Senf

1. Die Hälfte des Rosmarins und den Thymian waschen, trocknen und samt Stängeln etwas zerkleinern.

2. Die Wacholderbeeren grob mörsern, das Lorbeerblatt in kleine Stückchen brechen. Die Kräuter und Gewürze mit dem Öl in eine Tasse geben und diesen Ansatz mindestens einen Tag – gerne auch mehrere Tage – ziehen lassen. Das Öl abseihen und zum Senf geben.

3. Den Rest des Rosmarins waschen, trocknen, die Nadeln lösen und sehr fein schneiden. Ebenfalls zum Senf geben und alles gut vermengen. Nach einem Tag haben sich die Aromen gut entfaltet.

TIPP:
Rosmarinsenf passt sehr gut zu Backofengemüse.

Mediterraner Senf

FÜR ETWA 180 ML

1 Stängel frischer Rosmarin
2 Stängel frischer Thymian
4 getrocknete Tomaten
2 EL schwarze Oliven ohne Stein
1 EL dunkler Balsamico
150 ml mittelscharfer Senf

1. Die Kräuter waschen, trocknen, entstielen und sehr fein hacken.

2. Die getrockneten Tomaten und die entsteinten schwarzen Oliven in kleine Würfel schneiden und zusammen mit den gehackten Kräutern und dem Essig zum Senf geben. Alles gut unterrühren und einen Tag durchziehen lassen.

TIPP:
Der mediterrane Senf passt hervorragend zu gekochten Eiern und auch zu gegrillten Auberginenscheiben.

Pfeffersenf

FÜR ETWA 180 ML

2 EL grüner Pfeffer
1 EL Cognac
2 Blätter frischer Salbei
1 Stängel Estragon
½ TL gemahlener Koriander
½ TL Kurkuma
etwas grob gemahlener schwarzer Pfeffer
150 ml mittelscharfer Senf

1. Den grünen Pfeffer in eine Pfanne geben und erhitzen. Den Cognac dazugießen und die Pfefferkörner flambieren. Die flambierten Pfefferkörner leicht zerdrücken.

2. Die Kräuter waschen, trocknen, den Estragon entstielen und die Blätter aller Kräuter sehr fein schneiden.

3. Alle Zutaten zum Senf geben, unterrühren und einen Tag ziehen lassen.

TIPP:
Der Pfeffersenf schmeckt sehr gut zu Münsterkäse, aber auch frische Pflaumen bekommen damit einen besonderen Geschmackskick.

Mango-Mohn-Senfsauce

FÜR ETWA 340 ML
½ vollreife Mango
etwa 20 g frischer Ingwer
20 g Mohn
½ TL Kardamom
1 Prise Zimt
etwas gemahlener schwarzer Pfeffer
2 TL Zucker
150 ml mittelscharfer Senf
etwa 80–100 ml Mangosaft

1. Die Mango schälen, das Fruchtfleisch vom Kern lösen und sehr klein würfeln. Nicht pürieren; es gibt eine angenehme Textur im Senf, wenn die Fruchtstücke zum Teil noch spürbar sind.

2. Den Ingwer schälen und sehr fein reiben. Den Mohn anmörsern – es muss nicht ganz fein sein, aber etwas gebrochen entfaltet er sein Aroma besser.

3. Alle Zutaten außer dem Mangosaft zum Senf geben, gut unterrühren und jetzt je nach gewünschter Konsistenz den Mangosaft zugeben. Den Senf gut durchziehen lassen – ein bis zwei Tage – und genießen.

TIPP:
Die Sauce schmeckt gut zu mit Dörrpflaumen gefülltem Schweinefilet.

Dill-Senfsauce mit Pfiff

FÜR ETWA 200 ML

5 Stängel Dill
4 Blätter frische Pfefferminze
¼ Salatgurke
1 EL Honig
2 EL Rapsöl
150 ml mittelscharfer Senf
evtl. etwas Salz

1. Den Dill und die Pfefferminze waschen und trocknen. Den Dill entstielen und die Kräuter sehr fein hacken.

2. Die Gurke waschen, in grobe Stücke schneiden und mit dem Stabmixer pürieren.
Das Gurkenpüree, den Honig und das Öl zum Senf geben und gut unterrühren.

3. Die gehackten Kräuter dazugeben und die Senfsauce abschmecken. Bei Bedarf etwas nachsalzen. Nach Möglichkeit die Senf-Sauce etwas ziehen lassen, damit die Aromen Zeit haben, sich zu entfalten. Eine halbe Stunde bei Zimmertemperatur genügt.

TIPP:
Die Dill-Senfsauce ist eine köstliche Ergänzung zu Lachs.

Ananas-Minz-Sauce

FÜR ETWA 3 GLÄSER

150 ml Ananassaft
½ Vanilleschote
10 g frischer Ingwer
300 g frische Ananas
Saft von ½ Zitrone
2 EL Honig
½ TL Kardamom
2 Stängel Pfefferminze
evtl. etwas Zucker

1. Den Ananassaft in einen Topf gießen. Die Vanilleschote längs halbieren, das Mark herauskratzen. Den Ingwer schälen und reiben. Das Ananasfruchtfleisch in etwa 1 cm große Würfel schneiden.

2. Das Vanillemark, den Ingwer, den Zitronensaft, den Honig, den Kardamom und die Ananaswürfel in den Saft geben. Den Ansatz erhitzen und 10 Minuten köcheln lassen. Mit dem Stabmixer pürieren.

3. Die Minze waschen, trocknen, einen Stängel in die Soße geben, die Blätter vom anderen Stängel abzupfen, klein schneiden und zur Seite legen.

4. Die Sauce so lange köcheln und reduzieren lassen, bis sie die gewünschte Konsistenz hat. Zum Schluss den Pfefferminzstängel entnehmen und die klein geschnittenen Pfefferminzblätter hineingeben. Abschmecken – bei Bedarf etwas nachsüßen.

TIPP:
Die Ananas-Minz-Soße schmeckt sehr gut zu süßen Palatschinken, aber auch – etwas dicker eingekocht – zum Steak.

Auberginen-Knoblauch-Paste

FÜR ETWA 2 GLÄSER

2 Auberginen
2 Knoblauchzehen
Saft von ½ Zitrone
Salz
Pfeffer
1–2 EL Olivenöl
2 EL gehackte Walnüsse
etwas frische Petersilie
1 Stängel Thymian

1. Die Auberginen waschen, trocknen, mit einer Gabel rundherum einstechen und im Backofen bei 180 °C etwa eine Stunde garen. Die Backzeit nach Bedarf anpassen; das Fruchtfleisch muss weich und gut durchgegart sein, die Aubergine schrumpelt dabei deutlich zusammen. Die gegarten Auberginen (ohne Strunk) in grobe Stücke schneiden und in eine hohe Schüssel geben.

2. Den Knoblauch schälen und mit dem Zitronensaft zu den Auberginen geben. Etwas salzen und pfeffern und mit dem Stabmixer gut durchpürieren. Am Ende etwas Olivenöl in das Auberginenmus fließen lassen, bis die Masse sämig ist.

3. Die Walnüsse in einer Pfanne ohne Fett anrösten. Die Petersilie und den Thymian waschen, trocknen, entstielen und fein hacken. Die Walnüsse und die Kräuter in das Mus rühren, die Masse nochmals mit Salz und Pfeffer abschmecken.

TIPP:
Das Auberginenmus schmeckt umwerfend lecker auf geröstetem Walnussbaguette.

Avocado-Minz-Dip

FÜR ETWA 2 GLÄSER

2 reife Avocados
1 EL frisch gepresster Zitronensaft
etwas gemahlener Koriander
Salz
Pfeffer
1 kleine Chilischote
4 Blätter frische Minze

1. Die Avocados halbieren, den Stein entfernen und das weiche Fruchtfleisch mit einem Löffel aus der Schale nehmen. In groben Stücken in ein hohes Gefäß geben und sofort mit dem Zitronensaft beträufeln, denn Avocadofleisch wird ohne die Säure sehr schnell braun.

2. Das Fruchtfleisch mit Koriander, Salz und Pfeffer würzen und mit dem Stabmixer pürieren.

3. Die Chilischote waschen und fein würfeln. Die Minze waschen und fein hacken. Die Chili und die Minze in das Avocadomus geben und unterrühren. Etwas ziehen lassen, damit die Aromen sich entfalten können, und genießen.

TIPP:
Ein außergewöhnlicher Dip zu hellem Fleisch.

Bananen-Erdnuss-Sauce

FÜR ETWA 1 GLAS
2 Bananen
Saft von ½ Zitrone
2 TL Erdnussbutter
1 EL Honig
50 g Erdnüsse

1. Die Bananen schälen, in eine flache Schüssel oder auf einen Teller geben, mit dem Zitronensaft beträufeln und mit einer Gabel zerdrücken.

2. Die Erdnussbutter und den Honig dazugeben und alles gut verrühren.

3. Die Erdnüsse schälen, grob hacken und in einer beschichteten Pfanne leicht anrösten. Etwas abkühlen lassen, in die Bananensoße geben und unterrühren. Fertig.

TIPP:
Die Sauce über Pfannkuchen gießen und mit einer Kugel Vanilleeis genießen.

VARIANTE:
1 Chilischote sehr klein schneiden und in die Sauce geben, dann hat man einen süß-scharfen Begleiter zu gegrillter Hähnchenbrust.

Dattel-Ingwer-Dip

FÜR ETWA 1 GLAS
100 g getrocknete Datteln
30 g frischer Ingwer
50 ml Apfelsaft
1 EL Zitronensaft
2 EL Rapsöl
1 Prise Zimt

1. Die Datteln klein würfeln. Den Ingwer schälen und fein reiben oder klein schneiden. Beides zusammen im Apfelsaft ein paar Minuten köcheln lassen.

2. Dann alle übrigen Zutaten dazugeben und alles mit dem Stabmixer pürieren.

TIPP:
Dieser Dip ist ein besonderer Begleiter für eine Käseplatte oder zum Käsefondue.

Fenchel-Dill-Dip

FÜR ETWA 3 GLÄSER
1 Fenchelknolle (ca. 300 g)
1 EL Öl
100 ml Apfelsaft
1 Orange
2 Stängel Dill
2 EL Sesam
Salz
Pfeffer
1 Prise Cayennepfeffer

1. Den Fenchel putzen, waschen und in kleine Würfel schneiden. Im Öl etwas andünsten, nicht anrösten. Mit dem Apfelsaft ablöschen und im geschlossenen Topf sacht köcheln lassen.

2. Die Orange gründlich schälen, klein schneiden und auch in den Topf geben. Wenn der Fenchel weich ist, den Ansatz mit dem Stabmixer gründlich pürieren.

3. Den Dill waschen, trocknen, vom Stängel zupfen und klein schneiden. Den Sesam in einer beschichteten Pfanne ohne Öl leicht anrösten. Den Dill und den Sesam in den Dip geben, mit Salz, Pfeffer und Cayennepfeffer abschmecken.

TIPP:
Durch die Orange bekommt der Dip eine leichte Bitternote und passt sehr gut zu Lamm und Wild.

Feuriges Ananas-Relish

FÜR ETWA 2 GLÄSER
1 Schalotte
1 EL Öl
300 g frische Ananas
1 Chilischote
1 EL Essig
1 EL Honig
Salz
Pfeffer
1 Prise Kreuzkümmel

1. Die Schalotte schälen, klein würfeln und im Öl andünsten, ohne dass sie Farbe annimmt. Die Ananas schälen, klein würfeln und zu der Schalotte geben.

2. Die Chilischote sehr fein schneiden – je nach gewünschter Schärfe lässt man die Kerne drin oder verwendet nur einen Teil der Kerne.

3. Die Chili in den Topf geben, einmal aufkochen lassen, dann mit Essig, Honig, Salz, Pfeffer und einer Prise Kreuzkümmel abschmecken.

TIPP:
Das Relish passt sehr gut zu gebratenem Tofu.

Gurken-Chili-Dip mit Estragon

FÜR ETWA 1 GLAS

½ Gurke
1 Chilischote
1 Knoblauchzehe
1 Avocado
1 EL frisch gepresster Zitronensaft
2 Stängel Estragon
Salz
1 Prise Zucker

1. Die Gurke waschen, samt Schale grob zerkleinern und in ein hohes Gefäß geben. Die Chilischote entstrunken und grob zerkleinern, den Knoblauch schälen, beides zur Gurke geben.

2. Die Avocado halbieren, den Kern herauslösen, das Fleisch mit dem Löffel aus der Schale nehmen und ebenfalls in das hohe Gefäß hineingeben. Sofort den Zitronensaft darübergeben, damit die Avocado nicht braun wird. Alles mit dem Stabmixer pürieren.

3. Den Estragon waschen, entstielen und die Blätter klein schneiden. In den Dip rühren. Mit Salz und einer Prise Zucker abschmecken.

TIPP:
Der Gurken-Chili-Dip passt gut zu Schwarzwälder Schinken.

Kichererbsenmus

FÜR ETWA 2 GLÄSER

150 g getrocknete Kichererbsen
1 Knoblauchzehe
Saft von ½ Zitrone
1 Prise Kreuzkümmel
Salz
1 Prise Zucker
2–3 EL Öl
etwas Petersilie
2 EL Sesam

1. Die Kichererbsen waschen und über Nacht in kaltem Wasser einweichen. Das Einweichwasser wegschütten und die Kichererbsen in frischem Wasser ohne Salz etwa 1,5 bis 2 Stunden weichkochen.

2. Die Kichererbsen abgießen, in ein hohes Gefäß geben. Den Knoblauch schälen, mit dem Zitronensaft, dem Kreuzkümmel, etwas Salz und einer Prise Zucker zu den Kichererbsen geben und mit dem Stabmixer alles zu einem feinen Brei pürieren. Zum Schluss für eine cremige Konsistenz das Öl hineingeben und nochmals pürieren.

3. Die Petersilie waschen, trocknen, vom Stiel zupfen und fein hacken. Den Sesam in einer beschichteten Pfanne ohne Öl etwas anrösten. Beides in das Kichererbsenmus geben und unterrühren. Abschmecken, bei Bedarf noch etwas nachsalzen.

TIPP:
Das Kichererbsenmus ist ein köstlicher Brotaufstrich, passt aber auch zu einem Fondue.

Paprika-Sauce

FÜR ETWA 2 GLÄSER

2 rote Paprikaschoten
1 kleine Zwiebel
1 Knoblauchzehe
1 EL Olivenöl (nicht zu herb)
2–3 EL Gemüsebrühe (z.B. selbst gemacht mit der Würzmischung von Seite 72)
1 EL Balsamico
Salz
Pfeffer
Saft von ½ Zitrone

1. Die Paprika schälen (geht gut mit einem Sparschäler), von Strunk und Kernen befreien und klein schneiden. Die Zwiebel schälen und würfeln. Den Knoblauch schälen und ebenfalls etwas zerkleinern.

2. Die Zwiebel im Olivenöl anschwitzen, ohne dass sie Farbe annimmt, dann die Paprikastücke und den Knoblauch dazugeben und mitdünsten. Mit der Gemüsebrühe ablöschen und einige Minuten köcheln lassen, bis Paprika und Zwiebeln weich sind.

3. Jetzt vom Herd nehmen, den Balsamico, Salz, Pfeffer und den Zitronensaft hinzugeben und im Standmixer oder mit dem Stabmixer fein pürieren.

TIPP:
Die Paprikasoße macht sich optisch und geschmacklich sehr gut im Gemüseeintopf – vor dem Servieren einen kleinen Schuss in die Mitte des Tellers geben.

Sonnenblumenkernaufstrich

(falsche Leberwurst)

FÜR ETWA 2 GLÄSER

150 g Sonnenblumenkerne
100 ml Sonnenblumenöl
½ TL gemahlener Koriander
2 TL getrockneter Majoran
½ TL Salz
½ TL Pfeffer
50 ml Gemüsebrühe
(z.B. selbst gemacht mit der Würzmischung von Seite 72)
etwas Petersilie

1. Alle Zutaten außer der Petersilie in einem hohen Gefäß nicht ganz glatt pürieren. Wie stückig man die Sonnenblumenkerne haben möchte, muss man ausprobieren. Die Masse soll so streichfähig wie Leberwurst werden. Ist sie zu dünn, kann man ein paar Sonnenblumenkerne dazugeben. Ist sie zu dick, gibt man noch etwas Gemüsebrühe hinein.

2. Die Petersilie waschen, entstielen, fein hacken, zum Sonnenblumenkernaufstrich geben und unterrühren. Der Aufstrich muss ein bisschen stehen, damit die Aromen sich verbinden.

TIPP:
Als Brotaufstrich oder auch zu Pellkartoffeln empfehlenswert.

Tomatenpesto

FÜR ETWA 2 GLÄSER

Ingwer – etwa halb so viel wie Knoblauch
2 Knoblauchzehen
200 g getrocknete Tomaten
50 ml Tomatensaft
100 ml Olivenöl
60 g Pecorino
1 kleine Chilischote
2 Stängel frisches Basilikum
50 g Cashewnüsse
Salz
Pfeffer

1. Den Ingwer schälen und reiben. Den Knoblauch schälen. Den Ingwer, die Tomaten, den Tomatensaft, das Olivenöl, den Knoblauch, den Pecorino und die Chilischote (ohne Strunk) in den Standmixer geben und pürieren.

2. Das Basilikum waschen, trocknen, vom Stängel befreien und zusammen mit den Cashewnüssen ebenfalls in den Mixer geben. Nochmals pürieren, aber nicht zu lange: Die Nüsse dürfen beim Essen noch zu spüren sein. Mit Salz und Pfeffer abschmecken.

TIPP:
Klassisch als Pesto zur Pasta verwenden oder auch als Brotaufstrich.

Tomaten-Melonen-Salsa

FÜR ETWA 2 GLÄSER

200 g Honigmelone
2 Fleischtomaten
etwas Petersilie
1 Knoblauchzehe
1 Chilischote
1 EL frisch gepresster Zitronensaft
2 EL Olivenöl
Salz
½ TL Zucker

1. Die Melone schälen und in kleine Würfel schneiden. Den Saft, der dabei entsteht, zu den Stückchen geben. Die Arbeit, die Melone in wirklich feine Stücke zu schneiden, lohnt sich!

2. Die Fleischtomaten schälen (geht gut mit einem Sparschäler), entkernen und ebenfalls in sehr kleine Würfel schneiden.

3. Die Petersilie waschen, trocknen, entstielen und fein hacken. Die Knoblauchzehe schälen, den Strunk der Chilischote entfernen und beides sehr klein schneiden.

4. Jetzt alle Zutaten in eine Schüssel geben, vermischen und mindestens eine Stunde stehen lassen, damit die Aromen sich entfalten und verbinden können.

TIPP:
Perfekt als Vorspeise zu Datteln im Speckmantel.

Zucchini-Minz-Dip

FÜR ETWA 2 GLÄSER
1 Zwiebel
1 EL Rapsöl
1 Zucchini
1 rote Paprikaschote
1 Knoblauchzehe
6 Blätter frische Minze
1 EL frisch gepresster Zitronensaft
Salz
Pfeffer

1. Die Zwiebel schälen, würfeln und im Rapsöl anschwitzen, ohne dass sie Farbe annimmt.

2. Die Zucchini waschen, würfeln und zu der Zwiebel in den Topf geben. Die Paprika schälen (geht gut mit einem Sparschäler), klein schneiden und ebenfalls in den Topf geben. Den Knoblauch schälen, grob zerkleinern und mitdünsten.

3. Wenn die Zucchini, die Paprika und die Zwiebel weich gedünstet sind, vom Herd nehmen und pürieren.

4. Die Minze waschen, trocknen, fein schneiden und zusammen mit dem Zitronensaft, Salz und Pfeffer in das Zucchinimus geben. Abschmecken und genießen.

TIPP:
Dieser Dip passt sehr gut zu Schinken-Käse-Toast.

Backofengemüse-Würzmischung

FÜR ETWA 2 GLÄSER

1 EL Fenchelsamen
1 EL Koriandersamen
2 EL getrockneter Thymian
1 EL getrockneter Oregano
2 EL getrockneter Majoran
1 TL Paprikapulver rosenscharf
1 EL Salz
1 TL Pfeffer

Alle Zutaten miteinander in die Küchenmaschine geben und nicht ganz fein mixen.

TIPP:
Für Backofengemüse werden Gemüsesorten nach Wahl (z.B. Auberginen, Champignons, Karotten, Knoblauch, Kürbis, Sellerie, Zwiebeln, Zucchini) und Kartoffeln in groben Stücken auf ein geöltes Backblech gegeben, etwas Öl darübergeträufelt und alles mit der Würzmischung bestreut. Bei 180 °C Ober- und Unterhitze braucht das Gemüse 30 bis 40 Minuten. Nicht zwischendurch wenden, damit sich unten eine Kruste bildet.
Auf Wunsch ein paar Zweige frischen Rosmarin zum Gemüse geben – das rundet den Geschmack ab.
Zu Backofengemüse reicht man einen Quarkdip – mehr braucht man nicht für köstlichen Genuss.

Bratkartoffelpfiff

FÜR 2 GLÄSER

Schale von ½ unbehandelten Zitrone
½ TL Knoblauchpulver
1 TL Kurkuma
1 Prise Kümmel
2 EL getrockneter Majoran
2 EL Rosmarin
2 EL Thymian
2 EL Bohnenkraut
1 Prise Muskat
1 TL Paprika
1 EL Salz
1 TL Pfeffer

Die Zitrone mit einem Sparschäler zur Hälfte schälen und die Schale in sehr feine Würfel schneiden. Dann alle Zutaten in die Küchenmaschine geben und nicht ganz fein mixen.

TIPP:

Wenn die Bratkartoffeln fast fertig sind, werden sie mit dem Bratkartoffelgewürz verfeinert. Die Mischung nicht zu früh mit in die Pfanne geben, damit die Gewürze nicht verbrennen. Bratkartoffeln sind eine köstliche Beilage zu gebackenem Käse.

Chili-Vanille-Salz

FÜR 1 GLAS
150 g grobes Meersalz
1 Chilischote
¼ TL Vanillepulver

1. Die Chilischote vom Strunk befreien. Die Schote grob zerkleinern. Je mehr Kerne mitverarbeitet werden, desto schärfer wird das Salz. Alle Zutaten in der Küchenmaschine mixen. Achtung: Nicht zu lange, damit das Salz nicht zu fein wird.

2. Das feuchte Chili-Vanille-Salz auf einem Backblech verteilen und im Backofen bei 50 °C etwa 2 Stunden trocknen. Während dieser Zeit einen Kochlöffel in die Backofentür klemmen, damit die Feuchtigkeit entweichen kann. Zwischendurch das Salz auflockern und testen, ob es bereits trocken ist.

TIPP:
Chili-Vanille-Salz gibt einem Blumenkohlauflauf eine köstliche Note und passt auch sehr gut zu Fisch.

Gemüsesuppen-Würzmischung

FÜR ETWA 2 GLÄSER

1 Stange Lauch
½ Sellerieknolle
3 Karotten
2 Petersilienwurzeln
1 Fleischtomate
1 rote Paprika
1 Zwiebel
½ Bund Petersilie
2 EL getrockneter Liebstöckel
15 g Ingwer
2 Knoblauchzehen
5 Prozent Salz (vom Gesamtgewicht des Gemüses)

1. Das Gemüse waschen, putzen, wenn nötig schälen und in grobe Stücke schneiden. (Die Tomate und die Paprika am besten mit einem Sparschäler schälen.)

2. Die Petersilie und den Liebstöckel waschen und vom Stiel zupfen. Den Ingwer und den Knoblauch schälen.

3. In einem Küchenmixer alle Zutaten grob zerhacken. Wenn man das in kleinen Portionen macht, geht es ohne Zugabe von Wasser.

4. Den groben Brei auf mehrere Backbleche geben, verteilen und im Backofen bei 50 °C etwa 6 bis 8 Stunden trocknen. Während dieser Zeit einen Kochlöffel in die Backofentür klemmen, damit die Feuchtigkeit entweichen kann. Zwischendurch die Mischung auflockern und testen, ob sie bereits trocken ist. Die trockene Gemüsemischung nochmals in den Mixer geben und zu sehr feinem Pulver zerkleinern.

VARIANTE:
Die nasse Masse unter Zugabe von etwas Wasser sehr fein pürieren, in ein Muffinblech oder in Eiswürfelbehälter geben und einfrieren. Diese Variante spart den Trockenaufwand, schmeckt aber nicht ganz so intensiv wie das Pulver.

TIPP:
Mit der Gemüsesuppenwürzmischung verfeinern Sie Ihre Suppen, Eintöpfe und Gemüse.

Mediterranes Kräutersalz

FÜR 2 GLÄSER

200 g grobes Meersalz
1 EL getrockneter Thymian
2 EL getrockneter Rosmarin
1 TL getrockneter Majoran
1 EL getrocknetes Basilikum
1 TL gemahlener Koriander

Alle Zutaten in die Küchenmaschine geben und kurz durchmixen. Nicht zu lange, sonst wird das Salz zu fein.

VARIANTE:

Man kann das Salz auch mit frischen Kräutern herstellen. Dann kommt das feuchte Kräutersalz nach dem Mixen auf ein Backblech. Im Backofen wird es bei 50 °C etwa 2 Stunden getrocknet.
Während dieser Zeit einen Kochlöffel in die Backofentür klemmen, damit die Feuchtigkeit entweichen kann. Zwischendurch das Salz auflockern und testen, ob es bereits trocken ist.

TIPP:

Das mediterrane Kräutersalz kurz vor dem Servieren sparsam über Eintöpfe oder Ratatouille geben – das bringt Urlaubsgefühle an den Tisch.

Salatspaß

FÜR 1 GLAS

1 EL getrocknetes Basilikum
1 EL getrockneter Dill
1 TL getrockneter Liebstöckel
2 EL getrocknete Petersilie
2 EL getrockneter Schnittlauch
1 TL getrocknete Zwiebel
etwas getrockneter Sellerie
etwas getrocknete Karotte

Alle Zutaten in die Küchenmaschine geben und gut durchmixen. Je feiner das Pulver wird, desto besser löst es sich in der Salatsoße auf.
Wollen Sie es lieber „spürbar" im Salat haben, mixen Sie einfach etwas weniger. Hierbei gibt es kein Richtig oder Falsch, nur die persönliche Vorliebe.

VARIANTE MIT FRISCHEN KRÄUTERN:

Frische Kräuter klein schneiden, den Sellerie und die Karotten sehr fein würfeln. Alles auf einem Backblech verteilen – den Sellerie und die Karotten etwas separat, weil die Trockenzeit länger ist.
Die Kräuter und das Gemüse im Backofen bei 50 °C etwa 2 Stunden trocknen. Während dieser Zeit einen Kochlöffel in die Backofentür klemmen, damit die Feuchtigkeit entweichen kann. Zwischendurch auflockern und die bereits trockenen Komponenten herausnehmen.

TIPP:

Salatspaß ist eine perfekte aromatische Ergänzung für nahezu alle Salatsoßen.

Steakwürze

FÜR 1 GLAS

1 TL Korianderkörner
1 EL Senfkörner
1 TL schwarze Pfefferkörner
3 Stängel Thymian
2 Stängel Rosmarin
1 Chilischote
1 Knoblauchzehe
1 EL grobes Meersalz
1 Prise Zimt
100 ml Rapsöl

1. Den Koriander, den Senf und den Pfeffer etwas anmörsern. Den Thymian und den Rosmarin waschen, trocknen, entstielen und fein hacken.

2. Die Chilischote vom Strunk befreien, den Knoblauch schälen und beides fein würfeln.

3. Alle Zutaten miteinander vermengen und etwas ziehen lassen, damit die Aromen sich entfalten.

TIPP:
Mit dieser Steakwürze kann man Fleisch, aber auch Grillkäse und Tofu einige Stunden marinieren.

Kaffeegewürz „Oriental“

FÜR 1 GLAS
10 g Kardamom
2 Prisen Muskatnuss
10 g Nelken
5 g Pfeffer
20 g Piment
1 Prise Vanille
50 g Zimt

Die Zutaten alle zusammen sehr fein mahlen.

TIPP:
Das Kaffeegewürz gibt jedem Milchkaffee, Cappuccino und auch Latte Macchiato einen zusätzlichen aromatischen Kick. Aber auch Kakao lässt sich damit pfiffig verfeinern. Einfach einen Hauch der Mischung auf die servierbereiten Getränke streuen.

Zitronen-Basilikum-Zucker

FÜR 1 GLAS

Schale von ½ unbehandelten Zitrone
6 Stängel Basilikum
150 g Rohrohrzucker

1. Die Zitrone mit einem Sparschäler zur Hälfte schälen und die Schale in kleine Würfel schneiden. Das Basilikum waschen, trocknen, die Blätter vom Stängel zupfen und etwas zerkleinern.

2. Alle Zutaten in der Küchenmaschine mixen. Nicht zu lange, sonst wird der Zucker zu fein.

3. Den feuchten Basilikumzucker auf einem Backblech verteilen und im Backofen bei 50 °C etwa 2 Stunden trocknen. Während dieser Zeit einen Kochlöffel in die Backofentür klemmen, damit die Feuchtigkeit entweichen kann. Zwischendurch den Zucker auflockern und testen, ob er bereits trocken ist.

TIPP:
Basilikumzucker passt sehr gut zu frischen Erdbeeren, aber auch zu Erdbeersorbet und Erdbeercreme. Vanilleeis bekommt mit einem Hauch Basilikumzucker kulinarischen Pepp.

Zitronen-Minz-Zucker

FÜR 1 GLAS

Schale von ½ unbehandelten Zitrone
6 Blätter frische Minze
150 g Rohrohrzucker

1. Die Zitrone mit einem Sparschäler zur Hälfte schälen und die Schale in kleine Würfel schneiden. Die Minze waschen, trocknen, die Blätter etwas zerkleinern.

2. Alle Zutaten in der Küchenmaschine mixen. Nicht zu lange, sonst wird der Zucker zu fein.

3. Den feuchten Zitronen-Minz-Zucker auf einem Backblech verteilen und im Backofen bei 50 °C etwa 2 Stunden trocknen. Während dieser Zeit einen Kochlöffel in die Backofentür klemmen, damit die Feuchtigkeit entweichen kann. Zwischendurch den Zucker auflockern und testen, ob er bereits trocken ist.

TIPP:
Über karamellisierte Ananas gestreut, ist dieser Zucker ein Genuss. Aber auch andere Süßspeisen lassen sich sehr gut damit verfeinern.

Register

Bildnachweis

Sämtliche Fotos und Illustrationen stammen von Finken & Bumiller, Stuttgart.

Die Autorin

Susanne Oswald, Jahrgang 1964, lebt mit Mann und Mops in Neuried, am Fuß des Schwarzwaldes. Hier schreibt sie Sachbücher, Kinderbücher und Krimis für Erwachsene. Gemeinsam mit ihrem Mann betreibt sie eine Manufaktur für besondere Senfe und Würzmischungen, die Senferia **(www.senferia.de)**. Sie erntet gerne selbst gesäte Tomaten und findet zwischen Steinen und Pflanzen immer wieder neue Geschichten, die erzählt werden wollen. Sobald ihr ein Fundstück in die Hände fällt, setzt sie sich an ein ruhiges Plätzchen und fängt an zu tippen. Immer an ihrer Seite: der Lesungsmops Töps. Bei Thorbecke erschien von ihr bereits **„Nichts wie raus"**.